# CAMILLE,
### REINE DES VOLSQUES,
## *TRAGÉDIE*
### REPRESENTÉE POUR LA PREMIERE FOIS
### PAR L'ACADÉMIE ROYALE
### DE MUSIQUE

Le Mardi neuf Novembre 1717.

Le prix est de trente sols.

### A PARIS,

Chez PIERRE RIBOU, seul Libraire de l'Académie
Royale de Musique, Quai des Augustins, à la
Descente du Pont-Neuf, à l'Image S. Loüis.

---

### MDCCXVII.
*Avec Approbation & Privilege du Roi.*

# AVERTISSEMENT.

LE Portrait de Camille eſt un des plus beaux Ornemens de l'Eneïde. Virgile toujours admirable par les Images vives qu'il met ſous les yeux & qui ſeules, au ſentiment des plus grands Maîtres, conſtituënt la veritable Poëſie, commence dès le ſeptiéme Livre à ébaucher le caractere de cette fameuſe Reine des Volſques : il la met au nombre des Guerriers qu'il conduit au ſecours de Turnus ; il la preſente à la tête d'une brillante Troupe de Cavalerie ; un Manteau de Pourpre éclate ſur ſes épaules, ſes cheveux ſont attachez par une agraphe d'or, un Carquois à la Licienne qu'elle préfere aux vains ornemens de la moleſſe, une Javeline de Myrthe dont elle arme ſa main , tout fait connoître qu'elle s'eſt élevée au deſſus de ſon ſexe & que, loin de s'appliquer aux foibles exercices de Minerve, elle s'eſt en=

durcie aux penibles travaux de Mars. La Jeunesse sort de la Ville & se répand dans la Campagne pour courir au devant d'une Princesse qui joint les graces les plus touchantes à la plus noble fierté : les Dames sur les Terrasses de leurs Maisons s'assemblent en foule pour la voir & l'air retentit d'applaudissemens. C'est ainsi que Virgile annonce son Heroïne; mais dans le onziéme Livre, il employe toutes les couleurs & tous les traits de son art pour achever son Tableau : avant que de montrer Camille au milieu des effrayantes occasions de la guerre, il raconte avec quels soins elle y fut préparée dès le tems de son enfance &, comme le sujet de cette Tragedie est fondé sur les premiers évenements de la vie de Camille, j'ai cru devoir traduire une partie du recit que Diane en fait à une de ces Nymphes.

Virgile Eneïde. Livre 11.

„ *Metabus Roi des Volsques chassé de son Trône*
„ *fut contraint d'abandonner l'ancienne Ville de Pri-*
„ *verne, il fuyoit une Armée ennemie & emportoit*
„ *avec lui sa fille encore enfant, qu'il appella Camille*
„ *en changeant une partie du nom de Casmilla sa fem-*
„ *me. Ce Roi fugitif tenoit dans son sein l'infortunée*

„ compagne de son exil & , pour la dérober à la fureur
„ de ceux qui le poursuivoient, il cherchoit un azile
„ dans les Forêts sombres & solitaires. Devenu farou-
„ che par ses malheurs, il n'habita plus de maisons &
„ prit en horreur le séjour des Villes, il se retira sur des
„ Montagnes desertes parmi des Bergers; il y nourris-
„ soit sa fille par le secours d'une Jument sauvage,
„ dont il faisoit couler le lait sur les levres de la jeune
„ Camille. A peine pouvoit-elle se soutenir, que son
„ pere lui mit un Javelot à la main , un Arc & un
„ Carquois sur les épaules: l'or ne servoit point à la
„ parure de ses cheveux; elle avoit pour toute mante
„ une peau de Tigre: dèslors elle exerçoit son bras
„ à lancer des traits proportionnez à ses forces.

Voilà ce qui m'a fourni l'action de ma Tragedie
& le caractere de Camille: l'Auteur de l'Eneide s'est
borné à tracer les périls de son enfance & les occupa-
tions de ses premieres années; il la montre ensuite sur
le Trône de son Pere, sans découvrir les degrez qui
l'y avoient élevée. Un si long détail ne convenoit point
à son sujet & auroit rendu son Episode defectueux;

j'ai saisi ce moment pour établir la Fable de mon Poëme. J'ai crû qu'une Amasone obligée, pour vanger la mort de son Pere, d'immoler celui de son Amant, étoit un objet capable d'attacher le Spectateur ; les devoirs de Camille à l'égard de Metabus, sa reconnoissance pour Almon qui lui a sauvé la vie, sa haine pour un Tiran qu'elle deteste, & ses sentimens pour un Prince qui merite de l'estime, font naître des Combats qui plaisent ordinairement sur la Scene.

En conservant l'unité de l'action j'ai tâché d'y joindre la varieté des Spectacles & des Fêtes que demande le Theatre de l'Opera ; mais après tous mes efforts, j'attends la décision du Public, pour sçavoir si dans ma Tragedie j'ai bien ou mal rempli un sujet dont le fond a paru si interessant dans le Poëme Epique.

## ACTEURS & ACTRICES CHANTANS
### dans tous les Chœurs du Prologue & de la Tragedie.

COSTE' DE LA REINE.

*Mesdemoiselles*

Pasquier.
Limbourg.
Millon.
Guillet.
La Roche.
Tettelette.

*Messieurs*

Paris.
Corbie.
Lemire-L.
Faussié.
Dun, le fils.
Thomas.
Dautrep.
Houbeau.
Duchesne.

COSTE' DU ROI.

*Mesdemoiselles*

Constance.
Tulou.
La Garde.
Veron.
Charlard.
Chevalier.

*Messieurs*

Le Jeune.
Boulley.
Morand.
Venec pere.
Alexandre.
Deshais.
Poste.
Lebel.
Duplessis.

## ACTEURS CHANTANS
### DU PROLOGUE.

LA NYMPHE de la Seine, M<sup>lle</sup> Antier.
FLORE, M<sup>lle</sup> Poussin.
ZEPHIRE, M. Murayre.
LE DIEU MARS, M. le Mire.
SUITE de Flore & de Zephire.
LES PEUPLES de la Seine.

*La Scene est dans les Thuileries.*

# ACTEURS DANSANS DU PROLOGUE.

### *SUITE DE FLORE.*

Mademoiselle la Ferriere.

Mesdemoiselles Haran, Dupré, le Maire, Duval, le Roy-C.

### *SUITE DE ZEPHIRE.*

Messieurs Dumoulin L., Dupré, P. Dumoulin, Dangeville, Pecourt, Guyot.

# PROLOGUE.

*Le Theatre represente dans le fond le Château des Thuileries, & sur les côtez les Arbres de la grande Allée ; les Peuples y sont assis, & la Nymphe de la Seine y paroît entourée de Nayades.*

## SCENE PREMIERE.

LA NYMPHE *de la Seine*, CHOEURS *des Peuples de la France*, & *Troupe de* NAYADES.

LA NYMPHE *de la Seine*.

Que ces pompeux Jardins, l'ornement de mes Rives
Reçoivent par nos soins mille nouveaux attraits,

# PROLOGUE.

Nayades, suspendez vos Ondes fugitives,
Que l'Art & ces gazons les retiennent captives;
Qu'elles rendent ces Bois plus rians & plus frais,
    Ces Fleurs plus belles & plus vives.

Que j'aime à voir ces lieux ! une brillante Cour
    Y vient rétablir son séjour.

Auprès de nôtre Roi hâtons-nous de nous rendre;
Habitans de mes Bords, venez de toutes parts,
    A la douceur de ses regards,
Connoissez l'heureux sort que vous devez attendre.

### CHOEURS des Peuples.

Quel plaisir pour nos cœurs ! quel charme pour nos yeux !
    Nous joüissons de sa presence :
Nous voyons chaque jour dans ces aimables lieux
    Croître avec lui nôtre esperance.

*Flore & Zephire avec toute leur Suite entrent en dansant sur le Theatre.*

SCENE II.

PROLOGUE.

## SCENE II.

FLORE, ZEPHIRE, LA NYMPHE *de la Seine*, CHOEURS *de Peuples*, *Suite de* FLORE, *Suite de* ZEPHIRE.

LA NYMPHE *de la Seine*.

Jeune Flore, tendre Zephire,
Habitez ce séjour heureux :
Que sur vos pas tout y respire
L'Amour, les Plaisirs & les Jeux.

FLORE & ZEPHIRE *ensemble*.

Suivez Zephire & Flore,
Volez, regnez, tendres Amours,
Ce ne sont point les Fleurs que nous faisons éclore,
C'est vous qui formez les beaux jours.

*La Suite de Flore s'unit à la Suite de Zephire pour former ensemble le Divertissement.*

ZEPHIRE.

L'Amour, qui des plus verds feüillages
Prend soin de parer ces Boccages,
Les consacre aux tendres soupirs :
Contens ou chagrins de leurs chaînes,
Les Amans y vont aux Zephirs
Dire leurs plaisirs ou leurs peines.

## PROLOGUE.
### FLORE.

Si vous voulez aimer,
Pour vous laisser charmer
Venez ici vous rendre :
Mille objets à la fois
Cherchent à vous surprendre,
Et l'embaras du choix
Pourra seul vous défendre.

*Le Divertissemement continuë.*

### FLORE.

Dans ce séjour que de beautez se rendent!
L'Amour les suit & fait voler ses traits :
Jugez, Amans, du prix de leurs attraits,
C'est votre cœur que leurs yeux vous demandent.

*On entend un bruit de Timbales & de Trompettes.*

### LA NYMPHE de la Seine, FLORE & ZEPHIRE.

Quels bruits font retentir les Airs!
Mars voudroit-il troubler nos paisibles Concerts?

*Pendant que la Nymphe de la Seine, Flore & Zephire chantent le Trio, le Dieu Mars descend environné de Drapeaux, de Lauriers & de Palmes.*

PROLOGUE.

## SCENE III.

MARS, LA NYMPHE *de la Seine*, CHOEURS
de *Peuples*, LES ACTEURS *de la Scene précedente.*

### MARS.

CRaignez-vous de me voir paraître ?
Toujours de mes faveurs j'ai comblé vos Guerriers.

### LA NYMPHE *de la Seine.*

Aux yeux de nôtre augufte maître,
N'offrez point ces Drapeaux, ces Palmes, ces Lauriers.

Les Mufes prennent foin d'élever fon enfance,
De l'amour des beaux Arts laiffez remplir fon cœur,
Le fang dont il a pris naiffance
Répond affez de fa valeur.

### MARS.

Formé par le Heros qui regit cet Empire,
Peut-il ne pas cherir Minerve & le Dieu Mars ?
Aux nobles ardeurs que j'infpire,
Il joindra l'amour des beaux Arts.

b ij

# PROLOGUE.

Au milieu des Plaisirs que la Paix vous rameine,
    Souffrez qu'au moins j'embelisse vos Jeux,
    Et que je prête à Melpomene
Des plus brillants exploits les exemples fameux.
Camille sur mes pas fit admirer sa gloire,
Apollon m'a promis d'en retracer l'Histoire.

### MARS & LA NYMPHE *de la Seine.*

    Plaisirs, venez de toutes parts,
    La Paix a banni les allarmes.

### LA NYMPHE *de la Seine.*

    Après les fureurs du Dieu Mars,
    Les Muses nous offrent leurs charmes.

### TOUS DEUX.

    Plaisirs, venez de toutes parts,
    La Paix a banni les allarmes.

### MARS.

Qu'un Peuple vainqueur par les Armes
Triomphe encor par les beaux Arts.

### TOUS DEUX.

    Plaisirs, venez de toutes parts,
    La Paix a banni les allarmes.

# PROLOGUE.

LA NYMPHE *de la Seine*, FLORE *& le* CHOEUR *des Peuples*.

Formons les plus aimables Jeux,
Trompettes, animez nos Fêtes,
Joignez vos nobles sons à nos chants amoureux;
N'annoncez plus de Mars les combats dangereux,
Chantez l'Amour, celebrez ses conquêtes.

*Fin du Prologue.*

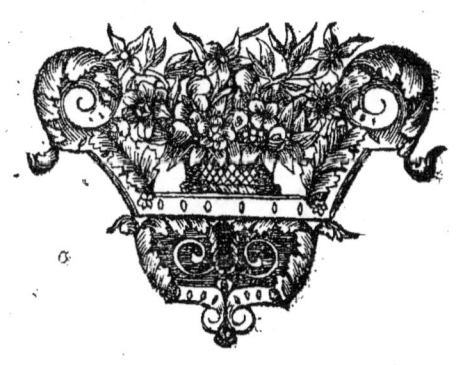

# ACTEURS CHANTANS
## DE LA TRAGEDIE.

CAMILLE, *fille de Metabus Roi des Volsques,* Mademoiselle Journet.

ALMON, *Prince Volsque, autrefois Chef des Armées de Metabus, crû Pere de Camille,* M. Thevenard.

RUTILE, *Sujet fidele de Metabus,* M. Mantienne.

AUFIDE, *Tiran des Volsques,* M. Hardoüin.

CORITE, *Fils d'Aufide, Amant de Camille.* M. Cochereau.

EGERINE, } *Suivantes de Camille,* { M$^{lle}$ Pasquier.
ACILIE, } { M$^{lle}$ Tulou.

CHEF DE LA GARDE D'AUFIDE. M. le Mire.

DEUX BERGERES, { M$^{lle}$ Poussin.
{ M$^{lle}$ Antier.

UNE FEMME VOLSQUE. M$^{lle}$ Poussin.

UN VOLSQUE. M. Murayre.

LA PRESTRESSE DE LA FORTUNE. M$^{lle}$ Antier.

CHOEURS *de Prêtres & de Prêtresses de la Fortune.*

CHOEURS *de Bergers & de Bergeres.*

CHOEURS *de Conjurez.*

CHOEURS *de Peuples.*

*La Scene est dans le Pays des Volsques.*

# ACTEURS DANSANS
## DE LA TRAGEDIE.

### ACTE PREMIER.
#### *BERGERS ET BERGERES.*

Monsieur D. Dumoulin, Mademoiselle Guyot.

Messieurs Dumoulin-L., Marcel, P. Dumoulin, Pecourt, Dangeville, Guyot.

Mesdemoiselles la Ferriere, Haran, Dupré, Lemaire, Mangot, Duval.

*UN PASTRE*, Monsieur F. Dumoulin.

### ACTE SECOND.
#### *GUERRIERS CONJUREZ.*

Messieurs Dumoulin-L., Marcel, Pierret, Dupré, P. Dumoulin, Dangeville, Pecourt, Guyot.

### ACTE TROISIE'ME.
#### *PEUPLES VOLSQUES.*

Monsieur Blondy.

Messieurs Ferrand, Dumoulin-L., Marcel, Javilliers, Dupré, Pierret.

Mesdemoiselles Haran, la Ferriere, Dupré, Duval, Lemaire, le Roy.

### ACTE QUATRIE'ME.

*PEUPLES ET PRESTRESSES.*
Meſſieurs P. Dumoulin, Dangeville, Pecourt, Guyot, Dupré, Pierret.

Mademoiſelle Guyot.

Meſdemoiſelles la Ferriere, Haran, Lemaire, le Roy, Mangot, Duval.

### ACTE CINQUIE'ME.

*VOLSQUES.*
Monſieur D. Dumoulin.
Meſſieurs Blondy, Marcel.
Meſſieurs Pecourt, Dangeville, Pierret, Dupré.
Meſdemoiſelles la Ferriere, Haran, Dupré, Duval.

CAMILLE,

# CAMILLE,
## REINE DES VOLSQUES,
### TRAGEDIE.

## ACTE PREMIER.

*Le Theatre represente une Campagne agreable, & dans l'éloignement des Colines où sont percées diverses Routes qui conduisent à des Hameaux.*

### SCENE PREMIERE.
### CAMILLE, ACILIE, EGERINE.

#### ACILIE.

Nos paisibles Hameaux charmez de vôtre gloire
 Retentissent des plus doux chants,
 On y celebre une Victoire
Qui d'un Monstre cruel a delivré nos Champs.

CAMILLE,

EGERINE.

En vain, pour en dompter la rage,
Corite avoit armé son bras,
Sans l'effort de vôtre courage,
Ce Prince, en combatant, eut trouvé le trépas.

ACILIE.

Quoyque fils d'un Tyran, dont la rigueur extrême
Fit perir Metabus qui regnoit en ces lieux,
Il est digne du Diadême,
Sans cesse ses vertus se montrent à nos yeux.

EGERINE.

Avant que de ses jours vous prissiez la défence,
Vos yeux, belle Camille, avoient touché son cœur.

ACILIE & EGERINE.

L'Amour par la reconnoissance
Doit prendre une nouvelle ardeur.

CAMILLE.

Lorsque ce Prince ici vint seconder nos Armes
Pour dissiper l'effroi d'un Peuple malheureux,
Trop épris de mes foibles charmes
Il m'osa déclarer ses feux.
Pour le fuir, c'est assez de connoître sa flâme,
L'Amour doit-il toucher mon ame?

### TRAGEDIE.

Almon qui me donna le jour,
Prit soin de m'affranchir d'une indigne molesse,
Et dans les Forêts d'alentour
Aux travaux de Diane élevant ma jeunesse,
Comme un Monstre terrible il me peignit l'Amour.

### ACILIE & EGERINE.

La déesse des Bois, dont vous êtes l'Image,
Autrefois se laissa charmer :
Elle-même rendit hommage
Au Dieu qui fait aimer.

### CAMILLE.

De ce Dieu trop puissant vous me vantez la gloire,
Finissez un discours qui doit m'être odieux.

### ACILIE & EGERINE.

Nous allons nous unir aux Bergers de ces lieux,
Pour publier vôtre victoire.

# CAMILLE,

## SCENE II.

### CAMILLE *seule*.

Quel Bois assez épais pourrai-je rencontrer,
    Pour cacher le trait qui me blesse?
Aux yeux de ces Bergers devrois-je me montrer?
Ils chantent ma valeur, je pleure ma foiblesse!
Camille, il est donc vrai, ta fierté se dément!
    Le Prince alloit perdre la vie,
    Helas! en ce fatal moment,
J'ai cru que la pitié m'avoit seule attendrie;
Je soupire! & ses jours ne sont plus en danger!
Non, non, il n'est plus tems de m'abuser moi-même,
Je vois tous les malheurs où je cours m'engager,
    Et je sens trop bien que je l'aime.

Mon Pere paroît en ces lieux!

## SCENE III.

### ALMON, CAMILLE.

#### ALMON.

JE vois avec plaisir le succès de vos armes,
    Ma fille, un Monstre furieux
Dans nos champs desolez ne cause plus d'allarmes,
Et c'est à vous qu'on doit ce repos precieux;
    Mais votre courage invincible
Doit par de grands travaux encor se signaler;
Il est dans ces climats un Monstre plus terrible
    Que nôtre bras doit immoler.

#### CAMILLE.

Si vous me l'ordonnez, je puis tout entreprendre,
Hâtez-vous seulement, hâtez-vous de m'apprendre
Quel Monstre....

#### ALMON.

    Il n'est pas tems de vous le reveler:
A vos nobles efforts Corite doit la vie,
Il veut de ces deserts nous arracher tous deux.

#### CAMILLE.

Quel dessein! quel est son envie!

## CAMILLE,

### ALMON.
Il cherche à s'acquitter d'un secours genereux.
A la Cour de son Pere il pretend nous conduire.

### CAMILLE.
Aufide est un tiran, pourrez-vous consentir?..

### ALMON.
De toutes mes raisons je sçaurai vous instruire,
Mais preparez-vous à partir.

### CAMILLE.
Non, il est un secret que je ne dois plus taire,
De mes foibles appas le Prince est trop charmé;

### ALMON.
De son amour naissant il m'a fait un mistere,
Mais je n'en suis point allarmé.

### CAMILLE.
Ah! vous ne sçavez pas les troubles de mon ame!

### ALMON.
De tous vos sentimens je dois être informé.

### CAMILLE.
Avec une constante flâme,
Corite m'a paru trop digne d'être aimé;

Du pouvoir de l'Amour vous devez me défendre,
Je ne vous réponds point d'un cœur infortuné ;
A son penchant fatal s'il est abandonné,
    Je tremble qu'il ne soit trop tendre.

### ALMON.

Dieux ! qu'entens-je ! n'importe, il faut suivre ma loi,
    Vôtre vertu dissipe mon effroi ;
Consentez au départ que le Prince desire,
    J'aurai des secrets à vous dire,
De tout vôtre destin reposez-vous sur moi.

*Il sort.*

### CAMILLE.

Quels secrets importans auroit-il à m'apprendre !
    Mais le Prince ici vient se rendre....

## SCENE IV.

### CORITE, CAMILLE.

#### CORITE.

Aprés un genereux secours,
Camille, Permettez à ma reconnoissance
De venir pour jamais vous consacrer des jours
Dont vous avez pris la défence;

Vos attraits meritoient les hommages des Dieux :
Helas ! dans l'ardeur qui m'inspire,
Je ne puis offrir à vos yeux,
Que le don d'un cœur tendre, & l'espoir d'un Empire.

#### CAMILLE.

L'éclat du souverain pouvoir
Ne doit point flatter mon envie,
Si j'ai défendu vôtre vie,
Cette g'oire est le prix que j'en veux recevoir.

#### CORITE.

## TRAGEDIE.

### CORITE.

Ne rejettez point mon hommage,
J'ose encor l'esperer d'un cœur si genereux;
Vous conservez mes jours, achevez votre ouvrage,
Camille, rendez-les heureux :

Consentez que l'Hymen d'une chaîne éternelle
Unisse nos cœurs sous ses loix :
L'Amour ne vous forma si belle :
Que pour vous élever au sort des plus grands Rois.

### CAMILLE.

De vôtre rang au mien je sçai trop la distance,
Et vous-même êtes-vous maître de votre sort ?

### CORITE.

Quand vous m'arrachez à la mort;
Le Roi doit applaudir à ma reconnoissance.

### CAMILLE.

Quels nobles sentiments ! qu'ils doivent m'allarmer ?

B

CAMILLE,
CORITE.

De mes tendres ardeurs laiſſez-vous enflammer,
Cedez à vôtre tour, cedez à ma conſtance.

CAMILLE.

Helas! s'il eſt vrai que mes yeux
Prennent ſur vous quelque puiſſance,
J'oſe vous demander un effort glorieux....

CORITE.

Parlez, aſſurez-vous de mon obéïſſance;

CAMILLE.

Laiſſez-moi pour jamais dans ces ſauvages lieux.
Au fond de ces Deſerts je ſerai plus conſtante
    A ſuivre un ſevere devoir,
J'y ſçaurai ranimer ma fierté chancelante;
Mon plus cruel danger, Seigneur, eſt de vous voir.

CORITE.

Ah! quel tranſport charmant! quel doux eſpoir m'enchante!

*On entend une Symphonie champêtre, les Bergers deſcendent des Cotteaux, & viennent dans la Plaine.*

## TRAGEDIE.

### CAMILLE.

Je vois de toutes parts les Bergers des Hameaux,
Pour nous offrir leurs Jeux, venir sous ces Ormeaux.

### CORITE.

Quelle contrainte pour ma flâme !
Au plaisir que je sens, dois-je livrer mon ame ?
Adorable Camille ! ah, daignez en ce jour
M'assurer d'un bonheur que je n'oserois croire.

### CAMILLE.

J'en ai trop dit, je crains le pouvoir de l'Amour,
Jamais ce Dieu sans vous, n'auroit eu cette gloire.

*Camille va se placer sur un des côtez du Theatre pour regarder la fête qui lui est destinée. Corite demeure auprès d'elle.*

## SCENE V.

*Les Bergers viennent celebrer la Victoire de Camille, & lui rendre leurs hommages par des danses & des chants.*

### CHOEUR DE BERGERS.

Chantez, Oiseaux, que vos ramages
S'unissent à nos tendres voix;
Amours volez dans ces Boccages,
Volez au son de nos Hautbois,
Celle qui reçoit nos hommages,
Soumet tous les cœurs à vos loix.

UN BERGER *avec sa Musette conduisant des Bergeres qui dansent autour de lui.*

Venez, jeunes Bergeres,
Sortez de vos Hameaux,
Dansez sur les fougeres
A l'ombre des Ormeaux.

Nous celebrons sur nos Musettes
L'Amour & ses appas,
Il inspire nos chansonnettes,
Qu'il anime vos pas.

TRAGEDIE,

Venez, jeunes Bergeres,
Sortez de vos Hameaux,
Dansez sur les fougeres
A l'ombre des Ormeaux.

*Le Divertissement continuë.*

DEUX BERGERES.
La Paix tranquile
De cet azile
Plaît à l'Amour,
Flore & Zephire
Sous son Empire
Lui font la cour :

Allons lui rendre
L'hommage tendre
De nos soupirs,
Portons ses chaînes,
Pour quelques peines
Que de plaisirs !

UNE BERGERE.
Les fleurs nouvelles
Cessent d'être belles;
Les fleurs nouvelles
Brillent peu de jours;

# CAMILLE,

Leur beauté passe,
Leur éclat s'efface:
Tel est le cours
Des plaisirs & des amours.

UNE AUTRE BERGERE.

Un verd boccage
Que l'Hyver ravage,
Un verd boccage
Renaît au Printemps:
Mais la Jeunesse
Sans espoir nous laisse:
De nos beaux ans
Menageons tous les instans.

CORITE à *Camille*.

Le soin de mon amour auprès du Roi m'appelle,
Je dois tout préparer pour vous y recevoir,
J'espere bientôt vous revoir:
Almon me l'a promis, il me sera fidelle:

*Au Chef de sa Garde.*

Rutile ne les quittez pas,
Avec pompe à la Cour accompagnez leurs pas.

*Fin du premier Acte.*

# ACTE SECOND.

*Le Theatre represente une Caverne environnée d'Arbres & au milieu un Tombeau rustique.*

## SCENE PREMIERE.

### ALMON, RUTILE.

#### RUTILE.

EN entrant dans ces lieux, je sens couler mes pleurs!
O vous, Manes sacrez, que ce Tombeau me cache,
Recevez le tribut que vôtre sort m'arrache,
Foible soulagement de mes vives douleurs!

## CAMILLE,

ALMON.
Rutile, je sçais votre zele,
Metabus n'eut jamais un sujet plus fidele,
Sitôt que vôtre nom m'a rapellé vos traits,
Je vous ai confié le plus grand des secrets.

RUTILE.
A mon tour, cher Almon, j'ai sçu vous reconnoître,
J'apprends avec transport votre fidelité.

ALMON.
Depuis vingt ans caché dans ce bois écarté,
  Enfin je pourrai voir paroître
  Le jour que j'ai tant souhaité.

TOUS DEUX.
 Goutons la flateuse esperance
 Qui promet de combler nos vœux:
 Que le plaisir de la vengeance
 Est doux pour les cœurs malheureux!

ALMON.
J'ai pris soin d'attirer ceux que des loix cruelles
Ecartoient de la Cour d'un Tiran odieux.

RUTILE.
Il est tems de les joindre à des amis fidelles
  Que j'ai retenus dans ces lieux.

ALMON.
  Hâtez-vous, genereux Rutile,
Il faut leur découvrir un projet glorieux,
Au pié de ce Tombeau laissez-moi voir Camille,
Et nous pourrons après la montrer à leurs yeux.

        SCENE II.

## SCENE II.
### ALMON *seul*.

JE l'attends, je connois sa flâme,
De quels coups, juste ciel! je vais fraper son ame!

  Sombres Forêts, Antres affreux,
Noir séjour, redoublez l'horreur de vos tenebres,
Offrez à ses regards les Images funebres
  Des objets les plus douloureux.

  Je vais rompre enfin le silence,
Je vais lui découvrir vôtre funeste sort,
Ombre errante en ces lieux, secondez mon effort,
Par vos gémissemens pressez votre vengeance.

  Sombres Forêts, Antres affreux,
Noir séjour, redoublez l'horreur de vos tenebres,
Offrez à ses regards les Images funebres
  Des objets les plus douloureux.

## SCENE III.

#### CAMILLE, ALMON.

##### CAMILLE.

Où suis-je! quel Spectacle à mes yeux se presente?
Vous me voyez troublée, interdite, tremblante.
Quel est cet appareil nouveau ?
Dans le cours de mon premier âge,
Vous vous cachiez souvent dans cet Antre sauvage.

##### ALMON.

Je venois y pleurer sur ce fatal Tombeau :

##### CAMILLE.

Quel est donc ce mystere ? est-il impenetrable ?

##### ALMON.

Ce Rocher qui frappe vos yeux,
Leur dérobe un Roi memorable,
Qui meritoit, helas ! un sort plus glorieux ;
Un cruel ennemi lui déclara la guerre :
Pour punir son forfait, les Dieux, les justes Dieux
Devoient employer leur Tonnerre,
Cependant le barbare en fut victorieux.

TRAGEDIE.

CAMILLE.

O Ciel ! n'êtes-vous plus l'appui de l'innocence !

*à Almon.*

Pourfuivez, repondez à mon impatience.

ALMON.

Ce Roi banni de fes Etats,
Victime d'un deftin funefte,
Avec un feul enfant qu'il portoit dans fes bras,
D'un fang fi precieux unique & trifte refte,
S'étoit venu cacher dans ces affreux climats :

Par l'ordre du Tiran, un temeraire, un traître,
Sans refpect du fuprême rang,
Immola dans ce lieu fon legitime maître ;
Et voilà le Poignard encor teint de fon fang.

*Il prefente un Poignard aux yeux de Camille.*

CAMILLE.

Qu'entens-je ! mon cœur en friffonne !

C ij

### ALMON.

L'Enfant seul fut sauvé de tant d'horribles coups,
Il est par sa vertu digne de la Couronne.

### CAMILLE.
Et quel est cet Enfant ? apprenez-moi,....

### ALMON.

C'est vous.

### CAMILLE.

Moi ? de quelle terreur je me trouve saisie !
Et qui vous a rendu le maître de mon sort ?

### ALMON.

J'avois suivi le Roi, je vous sauvai la vie.

### CAMILLE.

Helas ! lorsque mon Pere est mort,
Que ne m'a-t'elle été ravie !
Mais je vois pour quels soins me reservent les Dieux;

*Elle prend le Poignard de la main d'Almon.*

Donnez-moi ce poignard...quel sang frappe mes yeux!

Fer fatal, c'est toi que j'atteste ;
Si tu n'immoles pas un barbare assassin,
Mon bras lavera dans mon sein
La trace du sang qui te reste ;

## TRAGEDIE.

Hâtons-nous il faut nous vanger :
Les momens nous sont chers, nommez-moi le perfide,
A me taire son nom qui peut vous engager ?
Ne differez point....

### ALMON.

C'est Aufide :

### CAMILLE.

Le Pere de Corite ! ô comble de malheurs !
Vous voyez à la fois & ma rage & mes pleurs.

### ALMON.

Le Tiran, sur un bruit que j'eus soin de répandre,
Crut que de Merabus un fils étoit resté,
Son erreur pourra vous défendre,
Et jusques dans sa Cour vous mettre en sûreté.
Moi-même après vingt ans j'y serai sans allarmes,
Ses yeux à peine m'ont-ils vû :
Allons : pour nous sauver, les Dieux prendront les
Armes ,
Laissons-nous seulement guider par la vertu.

### CAMILLE.

Malheureuse ! que dois-je faire ?
Perdrai-je mon Amant ? trahirai-je mon Pere ?
De quels troubles cruels mon cœur est combattu !

## CAMILLE,
### ALMON.

Formons une noble entreprise,
Ecoutons un juste couroux;
Triomphez de l'Amour dont vôtre ame est éprise,
Vôtre sang l'exige de vous.

### CAMILLE.
Cesse, Amour, d'attendrir mon ame,
Laisses-y regner la fureur;

Dois-je encor ressentir ta flâme
Parmi tant de trouble & d'horreur!

Cesse, Amour, d'attendrir mon ame,
Laisses-y regner la fureur.

### TOUS DEUX.

Qu'en ce jour, de nos cœurs la Vangeance s'empare,
Vien, fureur, vien nous animer,
Courons punir un barbare,
Hâtons-nous de nous armer.

RUTILE *entre avec les Conjurez.*

## SCENE IV.
### CAMILLE, ALMON, RUTILE, LES CONJUREZ.

#### ALMON.
Voici les Défenseurs que le Ciel vous destine,
Leur courage avec vous bravera les hazards.

#### CHOEUR.
O Ciel ! quelle beauté divine !
Quel objet frappe nos regards !
Venez, vous serez satisfaite,
Venez, nous sommes prêts à vanger vos malheurs.

#### CAMILLE.
Avant que de quitter cette sombre retraite,
Sur ce Tombeau sacré laissons couler nos pleurs.

*Tous les Conjurez viennent autour du Tombeau rendre les honneurs funebres, & à la maniere des Anciens, jetter des Fleurs sur l'Urne qui conserve les cendres du Roi.*

#### ALMON, RUTILE.
Manes de notre auguste Maître,
Ombre du plus grand des Heros,
Puisse-tu dans ce lieu champêtre
Joüir d'un éternel repos.

ALMON, RUTILE, CAMILLE.
Tu vois nos fureurs legitimes,
Goute l'espoir d'être vangé,
Le Ciel juste ennemi des crimes,
A servir nos efforts, est lui-même engagé.

ALMON.
Grands Dieux, les Rois sont vôtre image,
Qui les ose outrager, doit perir par vos coups :
Soutenez nôtre ardent courage,
Nous allons combattre pour vous.

CAMILLE.
Guerriers, pour vanger nôtre outrage,
Vous êtes prêts à tout tenter ;
Approchez, que chacun s'engage
Par les affreux sermens que je vais vous dicter.

*Tous les conjurez s'assemblent autour du Tombeau de Metabus, & tenant l'Epée nuë d'une main, & s'appuyant de l'autre sur le Tombeau, ils repetent le serment de Camille.*

CAMILLE & LES CHOEURS.
Sur ce fatal Tombeau, nous attestons la foudre,
L'effroi des parjures humains :
Grands Dieux, si le Tiran ne meurt pas par nos mains,
Lancez sur nous vos traits, reduisez-nous en poudre.

*Fin du second Acte.*

ACTE III.

TRAGEDIE, 25

# ACTE TROISIÉME.

Le Theatre represente une Place publique de la Ville d'Antium, ornée d'Arcs de Triomphe pour recevoir Camille.

## SCENE PREMIERE.

### CORITE seul.

Unique plaisir de l'absence
Espoir, charmant espoir, soulagez ma langueur :
Loin de l'aimable objet qui captive mon cœur,
  Que j'éprouve d'impatience !
Je ne sçaurois sans vous en souffrir la rigueur :

D

Unique plaisir de l'absence
Espoir, charmant espoir, soulagez ma langueur.

Fuyez, Chagrins, fuyez : Camille va paraître !
Mes pleurs vont s'arrêter, mes plaintes vont finir,
Son éloignement vous fit naître,
Bientôt par sa presence elle doit vous bannir.

## SCENE II.

#### AUFIDE, CORITE.

##### AUFIDE.

Mon fils, calmez votre tristesse,
Camille approche de ces lieux;
Au devant de ses pas tout le Peuple s'empresse
D'aller rendre hommage à ses yeux :
Moi-même de mon rang je me plais à descendre,
Je veux faire pour vous éclater mon amour,
Impatient je viens attendre
Cet objet si charmant qui vous sauva le jour.

##### CORITE.

Ah ! Seigneur, vos bontez ont penetré mon ame,
Camille pour jamais m'a soumis à ses loix,
Vous avez approuvé ma flâme,
C'est faire le bonheur des jours que je vous dois.

##### AUFIDE.

Elle a par ses attraits merité le suffrage
De tous ceux qui suivoient vos pas;

### CORITE.
Les Dieux vouloient en elle exprimer leur Image ;
Ils ne pouvoient unir, en formant leur ouvrage,
   Plus de vertus & plus d'appas.
   Avec d'aimables charmes
Elle fait admirer un courage indompté :
Les Monstres les plus fiers succombent sous ses Armes,
Les plus farouches cœurs cedent à sa beauté.

### AUFIDE.
Ce courage, mon fils, peut m'être necessaire :
Par les soins d'un Guerrier qui brava mon couroux,
Un fils de Metabus s'est sauvé de mes coups ;
Il pourroit quelque jour vouloir vanger son pere ;
J'ignore son destin, mais Camille aujourd'hui
De mon Trône avec vous est encore un appui.

### CORITE.
  Malgré son obscure naissance,
Elle peut aspirer aux plus brillans honneurs.

### AUFIDE.
  Goûtez une douce esperance,
Vous l'aimez, & l'Amour égale tous les cœurs :
Aux efforts de mon bras je dois mon Diadême,
   Et le Trône où je suis monté ;
Comme par la valeur, on peut par la beauté
   S'élever jusqu'au rang suprême.

## SCENE III.

*On entend les Chœurs des Peuples qui conduisent en triomphe Camille.*

CHOEURS de Peuples.

AUFIDE, CORITE, CAMILLE.

CHOEURS *derriere le Theatre.*

Regnez, sur tous les cœurs, regnez, beauté charmante,
Venez, par vos attraits embellissez ces lieux.

CORITE.

Le Peuple ameine ici Camille triomphante,
L'Amour va l'offrir à mes yeux !

*Une Porte triomphale s'ouvre, & l'on voit paroître Camille dans un Char traîné par des Esclaves, & tous les Peuples qui dansent autour d'elle & qui joüent de divers Instruments.*

CHOEURS.

Regnez, sur tous les cœurs, regnez, beauté charmante,
Venez, par vos attraits embellissez ces lieux.

CORITE à *Camille.*

Belle Camille, enfin mon bonheur est extrême,
Ce jour me rend tout ce que j'aime !

*Au Roi.*
Si mes jours vous sont chers, que mon Pere & mon Roi
Approuve les transports où se livre mon ame,
Seigneur, voilà le bras qui s'est armé pour moi,
Regardez tant d'attraits, & jugez de ma flâme.

AUFIDE *à Camille.*
Camille, recevez l'hommage de ma Cour,
 Je dois ce prix à l'effort de vos Armes ;
Mon fils brûle pour vous, mais puis-je voir vos charmes,
Et ne pas aprouver l'excès de son amour ?

CAMILLE.
 Vos bontez doivent me confondre,
 Seigneur, quand je veux y répondre,
Je ne puis exprimer ce que ressent mon cœur ;
Ces honneurs éclatans que vous daignez me rendre
 M'inspirent une vive ardeur,
Qui, pour les meriter, pourra tout entreprendre.

AUFIDE.
Votre Pere en ces lieux ne s'offre point à moi !

*A sa suite.*
 Allez, sans tarder davantage,
Qu'on l'ameine :

*à Camille.*
 Je veux qu'avec vous il partage
Tous les honneurs que je vous doi.

## TRAGEDIE.
### CORITE.
Chantez, Peuples, rendez hommage
A l'adorable objet qui me tient fous fa loi.
### AUFIDE, CORITE.
Chantez, publiez fa victoire,
Tout cede à fa valeur, tout cede à fes appas,
Les Amours unis à la gloire
Volent fans ceffe fur fes pas.

*Les Peuples d'Antium repetent ces quatre vers & celebrent le triomphe de Camille par des Danfes.*

### UNE FEMME VOLSQUE.
A la douceur des Graces
Elle joint la fierté de la Reine des Dieux,
L'Amour eft timide à fes yeux,
Et fe borne à fuivre fes traces.

### CORITE.
Les Nymphes des Forêts
La prennent pour Diane, à fa valeur extrême:
Auffitôt qu'elle quitte & fon arc & fes traits,
Elle paroît Venus aux yeux de l'Amour même.

### UN VOLSQUE.
Offrons à la beauté l'hommage d'un cœur tendre,
C'eft peu de chanter fon pouvoir:
L'Amour eft le tribut qu'elle doit recevoir,
C'eft la loüer, que de s'y rendre.

CAMILLE,

TOUS TROIS.

La beauté, par des traits vainqueurs,
Triomphe, fans effort, des plus fuperbes cœurs:

UNE VOLSQUE.

Elle a des droits suprêmes,
Elle fçait affervir & la Terre & les Cieux.

CORITE.

C'eft un prefent des Dieux,
Qui les foumet eux-mêmes.

TOUS TROIS.

La beauté, par des traits vainqueurs,
Triomphe, fans effort, des plus fuperbes cœurs.

SCENE IV.

# TRAGEDIE.

## SCENE IV.
UFIDE, CORITE, CAMILLE, ALMON,
GARDES, CHOEURS DE PEUPLES.

AUFIDE.
E Pere de Camille à mes yeux doit paraître;
CORITE *montrant Almon.*
ous le voyez, Seigneur,
AUFIDE.
Approche de ton Maître,
ien, Mortel fortuné, joüir de mes bienfaits;
pproche.... eft-ce une erreur que la crainte fait
naître?
C'eft lui.... puis-je le méconnaître?
Malgré les ans, je découvre fes traits!
détourne les yeux!... je vois fon trouble extrême!
Je n'en doute plus, c'eft lui-même.
rfide!
CAMILLE.
O Ciel!
CORITE.
Qu'entens-je ? juftes Dieux!
uel couroux menaçant éclatte dans vos yeux?
AUFIDE.
ince, vous ignorez quel eft ce temeraire,
eft ce même Guerrier dont le fatal fecours
 fils de Metabus a confervé les jours.

E

CAMILLE,
*à Almon.*
Traître, romps enfin le silence.
## ALMON.
De ces noms odieux cesse de m'accabler ;
J'ai rempli mon devoir, je brave ta vangeance
Respecte ma vertu, c'est à toi de trembler :
Du sang de Metabus j'embrassai la défense,
Je veux pour ton tourment cacher toujours son for
Eclatte, vange-toi ; qui ne craint point la mort,
Méprise des Tirans la haine & la puissance.
## AUFIDE.
Songe à bien soûtenir cette fiere constance,
Qu'on le charge de fers....

*Les Gardes d'Aufide arrêtent Almon & le désarment*

## CORITE & CAMILLE.

Que faites-vous, hela
## AUFIDE.
Je dois à la Fortune offrir un sacrifice,
Il faut que ce traître périsse,
Je vais tout ordonner pour son juste trépas.
## CORITE.
Implorons sa clemence, allons, suivons ses pas.
## CAMILLE.
O Ciel ! j'implore ta justice,
Dans ce mortel danger ne l'abandonne pas.

*Fin du troisième Acte.*

TRAGEDIE.

# ACTE QUATRIÉME.

*Le Theatre reprefente le Temple de la Fortune, fi celebre dans la Ville d'Antium.*

## SCENE PREMIERE.

### CAMILLE *feule.*

Fortune, fini mes allarmes,
Ecoute mes triftes regrets :
Helas! pour me frapper, te refte-t'il des traits,
Ne te laffes-tu point de voir couler mes larmes?

E ij

CAMILLE,

    Ne puis-je au moins dans mes douleurs
Sur ta legereté fonder quelque esperance ?
    Cruelle, tu n'as de constance
    Que pour m'accabler de malheurs.

    Fortune, fini mes allarmes,
    Ecoute mes tristes regrets :
Helas ! pour me frapper, te reste-t'il des traits,
Ne te lasses-tu point de voir couler mes larmes ?

TRAGEDIE. 37

## SCENE II.

### CAMILLE, RUTILE.

#### RUTILE.

LA Fortune à nos vœux refuse son secours,
Princesse, éloignez-vous de ce Temple funeste,
L'espoir de défendre vos jours,
Est le seul espoir qui me reste;

Tandis que vôtre sort est encor ignoré,
Cherchez un azile assuré;
Venez....

#### CAMILLE.

Almon est dans les chaînes.

#### RUTILE.

Corite a tout tenté pour terminer ses peines,
Mais ses efforts ont été vains,
Son Pere ne veut plus l'entendre,
Et par des ordres souverains,
Au pié de ces Autels lui défend de se rendre;

E iij

Almon brave toujours un odieux pouvoir,
   Le trépas n'a rien qui l'étonne,
Il ne craint que pour vous :
    CAMILLE.
         Il remplit son devoir,
   Je sais ce que le mien m'ordonne;
Songez à vous, Rutile, allez, & laissez-nous :
    RUTILE.
Ah ! si vous perissez, je peris avec vous.

TRAGEDIE.

## SCENE III.

AUFIDE, ALMON, CAMILLE, RUTILE.
*Des Licteurs armez de Haches & Faisceaux. Chœurs de Sacrificateurs & de Prêtresses de la Fortune.*

AUFIDE à *Almon.*

PErfide, vien subir l'Arrêt de ton supplice :

ALMON.

Tes barbares efforts ne pourront m'ébranler.

AUFIDE.

Montre-moi l'ennemi que je dois immoler,
Explique-toi sans artifice,
Quoi ! ta bouche s'obstine à le dissimuler !

*à sa suite.*

Hâtez-vous, achevez un sanglant sacrifice.

CAMILLE.

Arrêtez....

ALMON *appercevant Camille.*

Que vois-je grands Dieux ?
Je fremis !.. Est-ce vous ma fille ?
Pourquoi, lorsque je meurs, vous montrer à mes
yeux ?

# CAMILLE,

Unique espoir de ma famille ;
Rentrez dans vos deserts, abandonnez ces lieux ;
Ma gloire m'engage au silence,
Fidele à mon devoir, je suis prêt à périr.

### AUFIDE.

Quels discours ! c'est trop les souffrir ;
Venez, remplissez ma vangeance ;
La Fortune pour moi daigne s'interesser
En me livrant ce temeraire,
Au pié de cet Autel, hâtez-vous de verser
Un sang qu'exige ma colere,
Frappez....

*Les Ministres d'Aufide vont pour immoler Almon, Camille les arrête.*

### CAMILLE.

Ah ! suspendez vos coups.

*à Aufide.*

Je connois sa vertu farouche ;
Il verra, sans pâlir, cet éclatant couroux,
Mais je sais comme lui le secret qui vous touche.

### ALMON.

Je tremble....

### AUFIDE *à Camille.*

Hâtez-vous de me le découvrir...
Vous balancez ?... il va perir....

### CAMILLE.

CAMILLE.
J'en attefte des Dieux la majefté fuprême,
Si je ne vous livre moi-même
L'ennemi qui vous fait trembler;
Puiffe le maître du Tonnere
Entrouvrir fous mes pas les gouffres de la Terre,
Et de fes traits brulans pour jamais m'accabler:
De mon Pere captif faites ceffer les peines,
Qu'il puiffe du Palais fortir en liberté.

AUFIDE.
Rutile, qu'on brife fes chaînes,
Mais ne le quittez point.

ALMON.
Que je fuis agité !

CAMILLE à *Almon.*
La refiftance eft inutile ;

ALMON.
Qu'allez-vous reveler ?

CAMILLE.
Allez, fuivez Rutile,
Je dois vous donner du fecours,
Je dois tout employer pour conferver vos jours.

*Almon fort avec Rutile.*

F

## SCENE IV.
### AUFIDE, CAMILLE.

#### AUFIDE.

C'Eſt de vous que dépend le repos de ma vie ;
Vôtre Pere a bravé mon couroux menaçant ;
Mais vous, eſperez tout d'un cœur reconnoiſſant,
Si vous contentez mon envie.

#### CAMILLE.

Enfin je l'ai promis : il faut vous découvrir
Cet objet de vôtre vangeance,
Lui-même, à vos regards s'il craignoit de s'offrir,
Il croiroit trahir ſa naiſſance.

#### AUFIDE.

Ah ! quel plaiſir de me vanger
Du fier ennemi qui m'outrage !
Ma main conduite par la rage
Dans ſon ſang odieux brûle de ſe plonger :
Ah ! quel plaiſir de me vanger
Du fier ennemi qui m'outrage !
Quel lieu peut le cacher ?

#### CAMILLE.
Ce Palais ;

#### AUFIDE.
Juſtes Dieux !

# TRAGEDIE.

Tout me jette en un trouble extrême,
Ici mon ennemi n'a point frappé mes yeux,
Je cherche vainement....

### CAMILLE.

Tu le vois, c'est moi-même :

### AUFIDE.

Vous ! ô Ciel !

### CAMILLE.

Ce Guerrier dont je sauve les jours,
Pour conserver les miens, me prêta son secours,
Pour mieux cacher mon sort & tromper ta furie,
Il publia qu'un Prince échapoit à tes coups.

### AUFIDE.

Le perfide ! il ne peut éviter mon couroux ;
Venoit-il en ces lieux attenter à ma vie ?

### CAMILLE.

Au milieu des Forêts il voulut me former,
De traits, de javelots, il prit soin de m'armer ;
Des Tigres & des Ours j'allois dompter la rage ;
A ces travaux sanglans j'osai m'accoutumer,
Pour punir les Tirans, j'essayois mon courage.

CAMILLE,

AUFIDE.
Le Ciel remplit mal tes souhaits....
CAMILLE.
Il est jaloux de sa Victime,
Il veut reserver à ses traits
La gloire de punir ton crime;

Acheve, il en est tems, rend-toi plus odieux,
Sans cesse à mon esprit mon pere se presente,
Hâte-toi de m'unir à son Ombre sanglante,
Hâte-toi d'irriter & ce Peuple & les Dieux.

*Elle sort.*

AUFIDE *à sa suite.*
Allez, que l'on s'assure d'elle,
Cherchons à prévenir leur fureur criminelle,
Fortune, seconde mes vœux;
Ministres de son Temple, animez votre zele,
Implorez son pouvoir, formez de nouveaux Jeux.

*Les Prêtres & les Prêtresses de la Fortune viennent lui rendre leurs hommages, & celebrer son pouvoir.*

## SCENE V.
### LA PRESTRESSE DE LA FORTUNE ET LES GRANDS CHOEURS.

Fortune, ton suprême Empire
Embrasse le vaste Univers,
Tu te fais adorer de tout ce qui respire,
Tu regles les destins de la Terre & des Mers.

### LA PRESTRESSE ET LES PETITS CHOEURS
*alternativement.*

Le Matelot tremblant au milieu de l'orage
Implore ton secours ;
Le Soldat entraîné dans l'horreur du carnage
Te laisse le soin de ses jours.

La Victoire, ou la mort, les plaisirs, ou les peines,
Dépendent de tes loix ;
Les Sceptres, quand tu veux, se transforment en chaînes,
Tu fais les Captifs & les Rois.

*La Prêtresse & les grands Chœurs repetent les quatre premiers Vers; les Peuples qui adorent la Fortune & les Prêtresses celebrent une Fête par leurs Danses, & par leurs chants.*

CAMILLE,

LA PRESTRESSE.
Triomphe, joui de ta gloire,
Enchaîne à ton gré les Mortels,
Dans le fond de leur cœur tu trouves des Autels,
Les autres Dieux à peine occupent leur memoire.

*Le Divertissement commence.*

Fortune, tu n'as qu'à paraître
Pour assembler tous les plaisirs;
Sitôt que tu fuis, on voit naître
Et les chagrins & les soupirs;
L'Amour de ses rapides aîles
Se plaît à voler sur tes pas,
Et pour fléchir des cœurs rebeles,
Ce Dieu se sert de tes appas.

*Le Divertissement continuë.*

Fortune, c'est ton seul caprice
Qui regle le sort des Amans,
Et ta voix severe ou propice
Fait leurs plaisirs ou leurs tourmens:
Sans toi, le cœur le plus sincere
Ne peut esperer d'être heureux;
Et souvent ton secours pour plaire,
Est plus sûr que de tendres feux.

*A la fin du Divertissement Corite vient sur la Scene.*

## SCENE VI.
### AUFIDE, CORITE.

#### AUFIDE.

Quoi, Prince, malgré ma défense,
Vous osez paroître en ces lieux !

#### CORITE.

Aux frayeurs d'un Amant pardonnez cette offense,
Ou je vais, en mourant, l'expier à vos yeux ;

Rien n'a pû m'arrêter : je tremble pour Camille ;
Ferai-je en sa faveur un effort inutile ?
J'embrasse vos genoux,
J'ose vous implorer pour elle & pour moi-même ;
C'est moi que menacent vos coups,
Vous perdez votre fils, si je perds ce que j'aime.

#### AUFIDE.
Votre cœur se doit-il partager entre nous ?

#### CORITE.
Je vous dois à tous deux la vie,
Je sais que je la tiens de vous,
Mais sans Camille, helas ! le sort me l'eût ravie.

CAMILLE,
Rendez-vous à mes pleurs,
Tout doit vous engager à finir mes malheurs.

Qu'un Hymen fortuné banniſſant nos allarmes,
Affermiſſe le Trône où vous êtes monté.

AUFIDE.

Mon Trône ?... cet eſpoir, vos ſoupirs & vos larmes
Balancent les tranſports de mon cœur irrité.

Dans le cœur de Camille étouffez la vangeance,
C'eſt d'elle que dépend le ſuccez de vos feux.

CORITE.

Amour, à mes efforts vien joindre ta puiſſance,
De l'Amant le plus tendre aide à combler les vœux.

*Corite ſort avec touss les Peuples & les Chœurs qui étoient dans le Temple.*

SCENE VII.

## SCENE VII.

### AUFIDE *seul.*

Va, goûte une vaine esperance,
J'emprunte d'un Hymen la trompeuse apparence;
  Deux Ennemis m'ont fait trembler,
Non, leur sang à mon gré ne peut trop tôt couler.

Venez, juste Fureur, venez tout entreprendre:
Il ne me suffit pas du sang que j'ai versé,
Lorsqu'au suprême rang un Mortel s'est placé,
Il doit perdre le jour avant que d'en descendre:
Venez, juste Fureur, venez tout entreprendre.

*Fin du quatriéme Acte.*

# ACTE CINQUIÉME.

*Le Theatre represente le Palais du Roi des Volsques.*

## SCENE PREMIERE.

### CAMILLE, CORITE.

#### CORITE.

On, vôtre cœur pour moi ne fut jamais sensible,
Le Roi prépare tout pour nous unir tous deux,
Il a laissé fléchir ce courroux si terrible
Qui m'ôtoit l'espoir d'être heureux,

## CAMILLE,

Vous seule toujours inflexible
Du plus fidelle Amant vous rejettez les vœux !

Verrez-vous sans douleur mon destin déplorable ?
Si vous ne m'aimez plus, si je vous perds, je meurs.

## CAMILLE.

Ah ! dans le trouble qui m'accable,
Pourquoi me montrez-vous de si tendres ardeurs ?

Je sens une douleur mortelle
Je sais ce que je dois à l'Auteur de mes jours,
Sans cesse je me le rappelle,
Et, malgré mon devoir, je vous aime toujours.

## CORITE.

Votre cœur est toujours le même,
Et vous me condamnez au plus funeste sort !

## CAMILLE.

Prince, n'en doutez point : ma tendresse est extrême,
Mais enfin mon devoir doit être encor plus fort.

Fille de Metabus, quelque amour qui m'anime,
Je ne puis d'un barbare oublier la fureur,
Non, toutes vos vertus n'effacent point un crime
Qui toujours me remplit d'horreur.

# TRAGEDIE.

Victimes d'un devoir severe,
Armons-nous, sans briser un si tendre lien :
Vous devez contre moi défendre vôtre Pere,
Et contre vous je dois vanger le mien.

### CORITE.

O Ciel impitoyable !
A quels malheurs nous reservoient les Dieux!

### CAMILLE.

Je ressens tous vos maux, vôtre plainte m'accable,
O fils trop genereux d'un Tiran trop coupable,
Laissez-moi par pitié m'éloigner de ces lieux.

### CORITE.

Vous voulez me quitter !

### CAMILLE.
Il le faut,

### CORITE.
Loi barbare !
L'Amour nous unissoit....

### CAMILLE.
Le devoir nous sépare.

### TOUS DEUX.
Amour, devoir, Tirans des cœurs
Que vous avez pour nous de cruelles rigueurs !

G ij

## CAMILLE,

### CORITE.

J'ai fait venir Almon: j'en ose tout atttendre,
Près de vous l'amitié fera plus que l'amour;
Il peut en sûreté paroître en ce séjour,
   Je vais le presser de s'y rendre.

Il sort.

### CAMILLE <i>seule.</i>

Dieux, êtes-vous contens des efforts que je fais?...
  Mais Almon vient dans ce Palais.

## SCENE II.

### ALMON, CAMILLE.

#### ALMON.

PRinceſſe, qu'ai-je vû ? quel Hymen ſe prépare ?
Le Tiran dans ces lieux fait aſſembler ſa Cour,
Avez-vous oublié le crime d'un Barbare ?
Quoi ! de ſon fils vous couronnez l'Amour!

#### CAMILLE.

Quel outrage! eſt-ce ainſi qu'Almon doit me connaître?
J'ai vû couler les pleurs d'un Prince malheureux,
Fidelle à mes devoirs & rebelle à ſes feux,
Quelle rigueur pour lui, n'ai-je pas fait paraître!

#### ALMON.

Ah! je connois en vous le vrai ſang de mon Maître!
Venez contre un Tiran ſeconder mon deſſein,
Le Ciel m'offre un inſtant pour lui percer le ſein,
Tandis que de l'Hymen il ordonne la Fête,
Nos Conjurez ſont dans ces lieux,
Et Rutile avec nous s'aprête
A vanger à la fois votre Pere & les Dieux:

# CAMILLE,

Remplissons ce séjour d'horreur & de carnage,
Que le fer, que le feu servent nôtre couroux,
Que les cris des mourans accablez de nos coups
  Percent le tenebreux Rivage;
  Que l'Ombre d'un Roi malheureux
  Attentive à ces cris affreux,
  S'applaudisse de nôtre rage.

## CAMILLE.
Helas !

## ALMON.
De ce soupir que je suis étonné !
Armez-vous de vôtre courage.

## CAMILLE.
Que mon sort est infortuné !
Cher Prince !....

## ALMON.
  Ses vertus me forcent à le plaindre,
Sauvons-le, s'il se peut ; mais quel que soit son sort,
  C'est assez pour vous de le craindre,
De l'Auteur de vos jours, il faut vanger la mort.

## CAMILLE.
Que je sens de rudes allarmes !
Mon Pere & mon Amant partagent tous mes vœux,
  Sans oser decider entre eux,
  Je ne fais que verser des larmes.

## TRAGEDIE.

ALMON.
Prevenons un fort rigoureux.
Des desseins du Tiran, Rutile a sceu m'instruire,
Il a feint nôtre Hymen, pour nous perdre tous deux,
Renversons son espoir, que lui-même il expire.
Venez, ne tardons plus, de fidelles Sujets
   Ont armé pour vous leur audace;
   Si nous n'achevons nos projets,
   Songez au coup qui nous menace;
   Des sermens que vous avez faits
Se peut-il qu'un instant le souvenir s'efface?

CAMILLE.
Ah ! ç'en est trop, allons, je rougis de mes pleurs,
   Pardonnez-les à mes malheurs.

TOUS DEUX.
   Dans les cœurs formez pour la Gloire,
L'Amour n'exerce point un souverain pouvoir :
Il peut bien quelque tems balancer le devoir,
Mais il ne peut jamais remporter la Victoire.

ALMON.
   Le Peuple vient, éloignons-nous,
Venez joindre Rutile, il n'attend plus que vous.

## SCENE III.

*Les Peuples s'assemblent dans le Palais pour celebrer la Fête de l'Hymen.*

AUFIDE.

Peuples, vous devez tous applaudir à mon choix ;
Camille est le sang de nos Rois,
Et la main de mon Fils l'éleve au rang suprême.
Pour chanter leur bonheur extrême
Venez unir vos voix.

Celebrez l'Hymen qui s'aprête,
Que vos vœux, que vos chants en augmentent la Fête.

CHŒUR de Peuples.

Celebrons l'Hymen qui s'aprête,
Que nos vœux, que nos chants en augmentent la Fête.

*Le Divertissement commence.*

# TRAGEDIE.

UNE FEMME DE LA FESTE.

Raſſemblez-vous, aimables Jeux,
Triomphez avec tous vos charmes.

L'Amour cherche à nous rendre heureux,
Les Plaiſirs lui prêtent des Armes;

Raſſemblez-vous, aimables Jeux,
Triomphez avec tous vos charmes.

*Le Divertiſſement continuë.*

UN HOMME DE LA FESTE.

Regne, Hymen, dans un jour ſi beau,
Fais briller ton flambeau
D'une flâme plus vive:

Qu'avec les plus charmans appas
L'Amour vole devant tes pas,
Et que la Conſtance les ſuive.

H

## SCENE IV.

AUFIDE, *le Chef de la* GARDE, *Chœur de* PEUPLES.

LE CHEF DE LA GARDE.

Seigneur !....

AUFIDE.

Quelles sont tes allarmes !

LE CHEF DE LA GARDE.

Rutile vous trahit, Rutile a pris les Armes
Suivi d'un Peuple audacieux,
Avec le fier Almon il vient forcer ces lieux,
Camille les a joins, redoutez leur courage,
Votre fils vainement s'oppose à leur passage.

AUFIDE.

Courons dans un si grand danger
Ranimer mes Soldats, périr, ou nous vanger.

CHOEURS DE PEUPLES.

Quel succès devons-nous attendre !
Déja les Combattans paroissent à nos yeux,
Nous vous implorons, justes Dieux !
C'est le sang de nos Rois que vous devez défendre.

*Les Combattans des deux Partis traversent le Theatre en se disputant l'avantage, tandis que le Chœur des Peuples forme des vœux pour le veritable sang de leurs Rois.*

TRAGEDIE.

## SCENE DERNIERE.

CORITE, CAMILLE, ALMON.

CORITE *defarmé par les Conjurez.*

Vous m'avez defarmé, cruels, immolez-moi,
　　Je m'offre à vos coups...ah ! Princesse,
Quel sang a teint ce fer qu'en vos mains j'apperçoi?

CAMILLE *armée de son Javelot.*

Corite, plain mon sort, non toute ma tendresse
N'a pû vaincre un devoir dont j'ai suivi la loi :
J'ai calmé, j'ai vangé les Manes de mon Pere,
　　Le même soin doit t'animer.

CORITE.

Helas! contre une main si chere
　　La mienne peut-elle s'armer ?

CAMILLE.

A ton tour arme-toi, que rien ne te retienne,
J'ai rempli ma vangeance, il faut remplir la tienne ;
Aprés tant de malheurs je ne dois plus te voir,
Tu ne peux être à moi, sois tout à ton devoir.
Imite-moi Cruelle,

CORITE.

　　　　Ah ! qu'osez-vous prétendre ?

*Il prend le Javelot de la main de Camille & se tuë.*

Donnez, voilà le sang que ma main doit répandre.

CAMILLE,

CAMILLE.
O Ciel! je te perds pour toujours!
Ah! de ce même fer empruntons le secours.
*Elle veut prendre le Javelot dont Corite s'est frappé, Almon qui arrive sur le Theatre la retient.*

ALMON.
Princesse, quel dessein!

CAMILLE.
Quelle pitié cruelle!
Vous prolongez mes jours!

ALMON.
Ils ne sont plus à vous,
Ils sont à ce Peuple fidelle,
Venez le rendre heureux, venez regner sur nous.

CHOEURS DES PEUPLES.
Venez nous rendre heureux, venez regner sur nous.

*Almon, Rutile & tous les Volsques entourent Camille & l'emmeinent.*

*Fin du cinquiéme & dernier Acte.*

---

## APPROBATION.

J'Ai lû par ordre de Monseigneur le Chancelier *Camille*, *Reine des Volsques*, *Tragédie*, & j'ai crû que le Public en verroit l'impression avec plaisir. Fait à Paris ce 17. Octobre 1717.
FONTENELLE.

De l'Imprimerie de JEAN-BAPTISTE LAMESLE,
ruë du Foin, à la Minerve. 1717.

# CATALOGUE

## DES LIVRES NOUVEAUX

qui se vendent à Paris chez PIERRE RIBOU, seul Libraire de l'Académie Royale de Musique, Quay des Augustins, vis à vis la descente du Pont-Neuf, à l'Image S. Loüis.

Dictionaire pratique du bon Menager de Campagne & de Ville, qui apprend generalement la maniere de nourrir, élever & gouverner, tant en santé que malades, toutes sortes de Bestiaux, Chevaux & Volailles; de sçavoir mettre à son profit tout ce qui provient de l'Agriculture; de faire valoir toutes sortes de Terres, Prez, Vignes & Bois; de cultiver les Jardins, tant Fruitiers, Potagers, que Jardins Fleuristes; de conduire les Eaux, & faire generalement tout ce qui convient aux Jardins d'Ornemens: Avec un Traité de tout ce qui concerne la Cuisine, les Confitures, la Pâtisserie, les Liqueurs de toutes sortes; les Chasses differentes, la Pêche, & autres divertissemens de la Campagne; les mots Latins de tout ce qu'on traite dans ce Livre, & quelques Remarques curieuses sur la plûpart; le tout en faveur des Etrangers, & de tous ceux qui se plaisent à ces sortes de lectures. Ouvrage tres-utile dans les Familles. Par le Sieur *Loüis Liger*, in 4. 2. vol.  10. l.

Abregé Chronologique de l'Histoire de France, par le Sieur de *Mezeray*, Historiographe de France. Nouvelle édition, augmentée de l'origine des François, & de leur établissement dans les Gaules; de l'état de la Religion, & de la conduite de l'Eglise dans les Gaules jusqu'au regne de Clovis, & de la Vie des Reines que l'on a tirée de sa grande Histoire imprimée en 1685. en 3. vol. in folio. In quarto 3. vol.  25. l.

——— Idem. in 12. 10. vol.  25. l.

*Numismata Ærea Imperatorum, Augustarum & Cæsarum in Coloniis, municipiis, & urbibus jure latio donatis, ex omni modulo percussa, Auctore Joanne Foy-Vaillant Bellovaco, Doctore Medico, & Serenissimi Ducis Cenomanensium Antiquario Paris. excusa*, in fol. 2. vol. 36. l.

Vies des Saints, par *Ribadeneira*, fol. 2. vol. 15. l.

Les Loix Civiles dans leur ordre naturel, le Droit public, & *Legum delectus*, fol. 2. vol. 20. liv.

——— Les mêmes, in 4. 6. vol.  36. l.

L'Art de Tourner, ou de faire en perfection toutes sortes d'Ouvrages au Tour: ouvrage tres-curieux & tres-necessaire à ceux qui s'exercent au Tour; Latin & François, fol. 15. l.

Œuvres diverses du Sieur D.... avec un Recüeil de Poësies choisies de M. de B... 2. vol. in 12.  5. l.

Traité de la Police où l'on trouvera l'histoire de son établissement, les fonctions & les prerogatives de ses Magistrats, toutes les Loix & tous les Reglemens qui la concernent. On y a joint une description Topographique de Paris & huit plans gravez qui representent son ancien état & ses divers accroissemens; avec un Recüeil de tous les Statuts & Reglemens des six Corps des Marchands & de toutes les Communautez des Arts & Métiers, fol. 2. vol.  50 l

Les Œuvres de M. de la Mothe le Vayer, in 12. 15. vol.  36. l.

Le Diable Boiteux, in 12.  2 l.

Les conseils de la Sagesse, contenant les Maximes de Salomon les plus necessaires à l'homme pour se bien conduire soi-même, in 12. 2. vol. 1714.  4. l. 10. s.

Amusemens serieux & comiques, par M. du Fresny. in 12.  1. l. 10. s.

Les Œuvres de Clement Marot de Cahors, Valet de Chambre du Roi, revüës & augmentées de nouveau, in 12. 2. vol.  6. l.

Histoire de l'admirable Dom Quichotte de la Manche, in 12. 6. vol. avec figures, nouvelle Edition, continuée jusqu'à sa mort.  15. l.

La Vie de Guzman d'Alfarache, traduite de l'Espagnol, enrichie de figures, in 12. 3. vol.  7. l. 10. s.

Œuvres mêlées de M. de Saint Evremond, nouvelle Edition augmentée sur celle de Lon-

dres, in 12. 7. vol. 15. l.
Lucien de la Traduction de M. d'Ablancourt, avec des Remarques fur la Traduction, in 12. 3. vol. 6. l.
Traduction des Satyres de Perfe & de Juvenal, par le R. P. Tarteron de la Compagnie de Jesus, nouvelle Edition, corrigée & augmentée, 1714. 2. l. 10. f.
Fables choifies, mifes en Vers par M. de la Fontaine, enrichies de figures, in 12. 5. vol. 10. l.
Les mêmes en un Volume, 3. l.
Hiftoire de la conquête du Mexique, ou de la Nouvelle Efpagne, par Fernand Cortez, traduite de l'Efpagnol, in 12. 2. vol. nouvelle Edition, avec figures. 5. l.
Hiftoire de la découverte & de la conquête du Perou, traduit de l'Efpagnol, in 12. 2. vol. avec figures. 4. l. 10. f.
Les Delices de l'Italie, contenant une defcription exacte du Pays, des principales Villes, de toutes les antiquitez, & de toutes les raretez qui s'y trouvent; Ouvrage enrichi d'un tres-grand nombre de figures, in 12. 4. vol. 12. l.
Inftructions pour les Jardins fruitiers & potagers, avec un Traité des Orangers, & des reflexions fur l'Agriculture. Par M. de la Quintinie, Directeur des Jardins Fruitiers & Potagers du Roi; avec une nouvelle inftruction pour la culture des Fleurs. Nouvelle édition, augmentée de la culture des Melons, de la maniere de tailler les Arbres fruitiers, d'un Dictionaire des Termes dont se fervent les Jardiniers en parlant des Arbres, & d'une Table des matieres, 1716. in 4. 2. vol. 12. l.
Nouvelle de Miguel de Cervante, 2. liv.
Les Œuvres de Lucrece, Traduct. nouvelle, augmentée de nouvelles remarques du Baron des Coûtures, in 12. 2. vol. 5. l.
Traité hiftorique des Monnoyes de France, par M. le Blanc, in 4. avec 100. figures, contenant les empreintes des differentes Monnoyes, 9. l.
Traduction nouvelle de Roland l'Amoureux, par M. le Sage, 2. vol. in 12. ornez de figures, 5. l.
Les Œuvres de Virgile en Latin & en François, par M. de Martignac, 3. vol. in 12. nouvelle Edition, 6. l.
Traduction nouvelle des Odes d'Anacréon, par M. de la Foffe, feconde édition, augmentée de deux Odes, l'une de Pindare & l'autre d'Horace, in 12. 2. l. 10. f.
Nouvelle Grammaire Efpagnole, par M. Perger, in 12. 2. l. 5. f.
Hiftoire univerfelle ou Traduction nouvelle

de Juftin, avec des Remarques, in 12. 2. vol. 5. l.
Voyage d'Alep à Jerufalem, in 12. 2. l.
Novum Teftamentum Græcum, in 18. 1. l. 16. f.
L'Efprit de l'Ecriture Sainte, in 12. 2. vol. 3. l. 10. f.
Le Comte de Cardonne, in 12. 1. l. 16. f.
Les Avantures galantes du Chevalier de Thenicourt, par Madame D... in 12. 1. l. 16. f.
Le Jeu de l'Hombre, augmenté des Décifions nouvelles, & des Regles fur les incidens de ce Jeu, nouvelle édition. in 12. 1. l. 10. f.
La Vie de M. de Moliere, in 12. 2. l.
Hiftoire de la Virginie, contenant celle de fon établiffement & de fon gouvernement jufqu'à prefent, les productions naturelles du Pays, la Religion, les Loix & les Coutumes des Indiens naturels, par un Auteur natif & habitant de ce pays-là, in 12. enrichie de figures en taille-douce, 2. l. 5. f.
Ecole parfaite des Officiers de Bouche, qui enfeigne les devoirs du Maître-d'Hôtel & du Sommelier, la maniere de faire les Confitures feches & liquides, les Liqueurs, les Eaux, les Parfums, la Cuifine, à découper les Viandes, & à faire la Pâtifferie; huitiéme Edition, corrigée & augmentée des Pâtes nouvelles, & des nouveaux Ragoûts qu'on fert aujourd'hui: Avec des modeles pour dreffer les Services de Table, in 12. 1715. 2. l. 5. f.
Les Œuvres choifies de feu M. le Noble, 20. vol. in 12. fous preffe. 40. l.
Stile du Confeil, par M. Gauret, in 4. 5. liv.
Code de la Marine, in 4. 4. l.
Contes des Fées, ou les Chevaliers Errans, & le Genie Familier, par M. D... in 12. 1. l. 15. f.
Traduction en vers François des Epigrammes d'Owen, in 12. 1. l. 10. f.
L'Ambigu d'Auteüil, ou veritez hiftoriques, compofées du Joüeur, du Nouvellifte, du Financier, du Critique, de l'Inconnu, du Sincere, du Subtil, de l'Hypocrite, & de plufieurs autres perfonnages de differens caracteres, in 12. 1. l. 5. f.
Les Avantures d'Apollonius de Tyr, livre rempli d'evenemens, & écrit dans le même ftile que Telemaque, par M. le B... in 12. 2. l.
Le Voyageur Fidele, ou le Guide des Etrangers dans la Ville de Paris; qui enfeigne tout ce qu'il y a de plus curieux à voir: les noms des Ruës, des Fauxbourgs, Eglifes, Monafteres, Chapelles, Places, Colleges, & autres particularitez que cette Ville renferme; les Adreffes pour aller de quartiers en quartiers, & y trouver tout ce qu'on fouhaite, tant pour les befoins de la vie, que

pour autres choses : Avec une Relation en forme de Voyage, des plus belles Maisons qui sont aux environs de Paris : le tout pour l'usage & l'utilité des Etrangers, *in 12.* 2. l. 5. f.

Les Voyages *de M. Tavernier*, derniere Edition, revûë, & corrigée de quantité de fautes, & augmentée de la Vie & mort de l'Auteur, & d'un Voyage qu'il a fait en Prusse, avec plusieurs planches nouvelles qui n'ont point paru dans les précedentes éditions, le tout dirigé par un ami de l'Auteur qui a fait plusieurs Voyages avec lui, *in 12.* 5. *vol.* 18. l.

Abregé de Geographie, & de tout ce qu'il y a de plus remarquable dans chacune des quatre grandes parties de la Terre, particulierement dans l'Europe & dans le Royaume de France: le tout mis en ordre pour pouvoir être appris & retenu facilement par cœur, avec les routes des postes de France & d'Espagne, dedié à S. A. S. Monseigneur le Prince de Dombes, *par M. Poncein, in 12.* 1. l. 5. f.

L'Eloge de la Folie, composée en forme de Déclamation *par Erasme de Roterdam*, avec quelques Notes de l'histoire & les belles figures de Holbenius : le tout sur l'original de l'Académie de Bâle ; piece qui representant au naturel l'homme tout défiguré par la sotise, lui apprend agreablement à rentrer dans le bon sens, Traduction nouvelle ; *par M. Guedeville, in 12.* 5. l.

Histoire des sept Sages, *par M. de Larrey, in 12.* 2. *vol.* 5. l.

Recueil de bons mots des anciens & des modernes, nouvelle Edition augmentée, 2. l.

*THEATRE DE MESSIEURS*

Corneille, nouvelle Edition, augmentée & enrichie de figures en taille douce, 10. *vol.* *in* 12. 25. l.

Racine, nouvelle Edition, 2. *vol. in 12.* 6. l.

Campistron, nouvelle Edition, augmentée d'une Tragedie & d'une Comedie, & ornée de figures, 4. l.

De la Fosse, avec ses Poësies, 2. *vol.* 5. l.

Crébillon, 3. l.

Pradon, 3. l.

De la Grange, augmenté d'Ino & Melicerte, Tragedie, 2. l. 10. f.

Moliere, 8. *vol.* nouvelle Edition, augmentée de sa Vie, avec de nouvelles Remarques. 15. l.

Dancourt, 8. *vol.* nouvelle Edition, augmentée de plusieurs Pieces qui n'avoient point été imprimées dans les Editions précedentes, avec figures & musique, 15. l.

Regnard, 2. *vol.* 5. l.

De la Font, 2. l.

De Hauteroche, 2. l. 10. f.

De Legrand, 1. l. 10. f.

Palaprat, seconde Edition, augmentée de plusieurs Comedies qui n'ont pas encore été imprimées, & d'un Recueil de Pieces en Vers, 2. *vol.* 5. l.

De Riviere, 1. l. 10. f.

Boindin, 2. l.

De Champ-Mêlé, 2. l.

De Montfleury, 2. *vol.* 5. l.

De Rousseau, un *vol.* 2. l. 10. f.

De Mademoiselle Barbier, 2. l. 10. f.

Quinault, nouvelle Edition, augmentée d'un abregé de sa Vie, d'une Dissertation sur ses Ouvrages, & de l'origine de l'Opera, & de ses Opera, *in 12.* 5. *vol.* ornez de figures, 12. l. 10. f.

Theatre François, ou Recueil des meilleures pieces de Theatre des anciens Auteurs, *in* 12. 3. *vol.* 7. l. 10. f.

Theatre Lyrique avec une Préface où l'on traite du Poëme de l'Opera, & la Réponse à une Epitre Satyrique contre ce spectacle, *par M. le Br. in 12.* 2. l.

*Pieces nouvelles & séparées.*

Mahomet II. ⎫
Idomenée.
Atrée.
Electre.
Caton d'Utique.
Absalon.
Cyrus.
Geta.
Les Tyndarydes.
Saül.
Médée.
Herode. ⎬ *Tragedies.*
Ino & Melicerte.
Polydore.
La mort d'Ulysse.
Mustapha.
Jonathas.
Habis.
Agrippa, ou le faux Tiberinus. ⎭

Marius. ⎫
Le Curieux Impertinent.
Les Agioteurs.
L'Amour Charlatan.
Le Naufrage.
Danaé.
Turcaret.
Crispin Rival. ⎬ *Comedies.*
Le Jaloux desabusé.
Les Métamorphoses.
L'Amour vangé.
Esope à la Ville.
L'Usurier Gentilhomme.
Esope à la Cour. ⎭

Les Fêtes du Cours.  
Le Verd Galant.  
Sancho Pansa Gouverneur.  
La Devineresse.  
L'Impromptu de Suresne.  } Comedies
Les trois Freres Rivaux.  
La Coquette de Village, ou le Lot suposé.  
La Coupe enchantée.  
L'Aveugle clairvoyant.  
Les Airs notez des Comedies Françoises, par M. Gilliers, in 4. 9. l.
Telephe, Opera, noté, 7. l. 10. f.
Medée, noté, 8. liv.
Les Plaisirs de la Paix, noté, 8. l.
Medée.  
Les Amours déguisez.  
Arion.  
Telephe.  
Armide.  
Les Fêtes de Thalie.  
Telemaque.  } Opera
Proserpine.  } en paroles.
Les Plaisirs de la Paix.  
Zephire & Flore.  
Theonoé.  
L'Europe galante.  
Alceste.  
Ajax.  
Les Plaisirs de l'Eté.  
Arianne.  
La mort d'Alcide.  
Hypermnestre.  
Roland.  } Opera.
Le Divertissement du Bourgeois Gentilhomme.  

Le quatriéme Livre des Motets de M. Campra, 5. l.
Recüeil de Pieces en Vers, adressées à S. A. S. Monseigneur le Duc de Vendôme, & plusieurs Essais de Poësies diverses, par M. de Palaprat, in 12. 1. l. 10. f.
Et toutes les autres Pieces de Theatre tant anciennes que nouvelles.
Tous les Opera.
Le Theatre de l'Amour & de la Fortune, par Mad. Barbier, in 12. 2. vol. 4. l.
Œuvres de M Despreaux, avec des éclaircissemens historiques donnez par lui même, 2. vol. in 4. 12. l.

———— Idem Grand papier, 18. l.
———— Idem in 12. 4. vol. 8. l.
La Connoissance parfaite des Chevaux, contenant la maniere de les gouverner, nourrir & entretenir en bon corps, & de les conserver en santé dans les voyages ; avec un détail general de toutes leurs maladies, des signes & des causes d'où elles proviennent, des moyens de les prévenir, & de les en guerir par des remedes experimentez depuis long-tems, & à la portée de tout le monde. Jointe à une nouvelle instruction sur le Haras, bien plus étenduë que celles qui ont paru jusqu'à present, afin d'élever de beaux Poulains pour toutes sortes d'usages. On trouve aussi dans ce Livre l'Art de monter à Cheval, & de dresser les Chevaux de Manége, tirée des meilleurs Auteurs qui en ont écrit. Le tout enrichi de figures en taille douce, in 8. 3. l. 10. f.
Lettre à M. de ..... sur l'origine des anciens Rois ou Dieux d'Egypte ; qui explique ce qui a donné lieu aux Fables des Dieux de l'Antiquité, brochure in 12. 1. l.
La Rivale travestie, in 12 2. l.
Nouveau Recüeil des plus beaux Secrets de Medecine pour la guérison de toutes sortes de maladies, blessures & autres accidens qui surviennent au corps humain, & la maniere de préparer facilement dans les Familles, les remedes & les médicamens qui y sont necessaires, avec un Traité des plus excellens préservatifs, contre la peste, fiévres pestilentielles, pourpre, petites veroles, & toutes sortes de maladies contagieuses, donnez par une personne charitable, augmentez des veritables Secrets naturels de M. Lemery, qui regardent la nature & l'art, avec d'autres Secrets fort curieux, & tirez de ce qu'il y a de meilleurs Auteurs en ce genre. 2. vol. in 12. 5. l.
Histoire de Gilblas de Santillanne, par M. le Sage, 2. édition, 2. vol. in 12. ornée de Figures. 5. l.
L'Imitation de JESUS-CHRIST en vers, par M. Corneille, in 12. ornée de figures, 3. liv.
Anecdotes du Ministere du Cardinal de Richelieu, & du Regne de Loüis XIII. avec quelques particularitez du Commerce de la Regence d'Anne d'Autriche, 2. vol. in 12. 5. l.